L'ORACLE INTUITIF

Du même auteur, chez le même éditeur

L'Oracle du sixième sens (Coffret), 2020.

Création et mise en pages : Bénédicte Souffrant – PCA CMB.

ISBN : 978-2-36188-519-9

www.editions-tredaniel.com
info@guytredaniel.fr
www.facebook.com/editions.tredaniel
@editions_exergue
@tredaniel_eso

Découvrez nos formations et nos cours en ligne sur :
www.exergue-formation.com

Esteban Frederic

L'ORACLE INTUITIF

Pour un tirage rapide et une interprétation immédiate

ÉDITIONS
EXERGUE
27, rue des Grands-Augustins
75006 Paris

SOMMAIRE

LA SIGNIFICATION DES CARTES

INTRODUCTION

Vidéo de présentation de l'oracle

https://www.esteban-frederic.fr/presentation-oracle/

Découvrir un oracle, c'est entrer dans un univers captivant. Dès les premières cartes dévoilées, la porte du temps s'ouvre, et vous laisse entrevoir les événements de votre vie à venir. Par la magie d'un tirage, en un instant, le présent et le futur se rejoignent.

La puissance de cet oracle réside dans sa simplicité. Je l'ai voulu ainsi. Accessible à tous, et pourtant doté d'un pouvoir divinatoire hors du commun.

L'Oracle intuitif est une version épurée de *L'Oracle du sixième sens*, un oracle moins facile à appréhender pour un débutant. Car ce nouvel oracle ne demande aucun apprentissage dans le domaine de la cartomancie. Il vous parle avec des mots simples de votre vie, de vos espoirs, comme des embûches du chemin à éviter.

Cet oracle est un livre ouvert sur votre vie.

Afin de faciliter son utilisation, j'ai souhaité intégrer un QR code à chaque carte. Ce dernier vous renvoie à un contenu gratuit en ligne qui englobe l'interprétation de chaque carte, mais aussi à des exercices de tirage qui vous permettront de vous perfectionner au fil du temps.

Je ne doute pas qu'à l'usage, vous trouverez plus rapide de scanner un QR code pour avoir accès à l'interprétation d'une carte, que de feuilleter ce livre d'accompagnement!

Mais, support papier ou support numérique, chacun garde le choix de son outil de référence.

L'association des nouvelles technologies et de l'art millénaire de la divination fait de *L'Oracle intuitif*, un oracle unique en son genre, au moment où j'écris ces lignes.

Quel que soit votre âge, cet oracle est fait pour vous. Il conjugue la fraîcheur de la jeunesse, et la sagesse de la maturité. Il est un pont entre vous et le plan supérieur. Il est une fenêtre ouverte sur votre futur.

Prenez soin de cet oracle divinatoire, désormais, il est votre ami pour la vie.

Spirituellement,
Esteban Frederic

PRISE EN MAIN DE *L'ORACLE INTUITIF*

Article « Explorez votre intuition »

https://www.esteban-frederic.fr/explorez-votre-intuition/

Faire confiance à votre intuition vous permet d'accéder au pouvoir illimité que vous avez en tant qu'être humain.

Plus vous maîtrisez votre intuition, plus il vous sera facile de savoir si vous êtes sur la bonne voie, quelle que soit votre destination et votre but ultime. Explorez votre intuition et développez vos facultés intuitives !

Article « Favoriser l'intuition lors de vos tirages »

https://www.esteban-frederic.fr/favoriser-intuition-tirages/

Avant de commencer à interpréter vos tirages, et pour laisser venir votre intuition, il est essentiel de faire le vide en soi et se centrer. Découvrez comment créer des conditions intérieures et extérieures optimales pour entrevoir un autre monde et sentir les échos de cet autre monde en vous !

Article « Écoutez votre voix intérieure »

https://www.esteban-frederic.fr/ecoutez-votre-voix-interieure/

Être intuitif, c'est écouter en soi. Je partage avec vous quelques conseils pour être dans la pleine conscience de l'instant présent et ainsi réussir à entendre le murmure de votre voix intérieure.

Article « Exercice de méditation avec les cartes »

https://www.esteban-frederic.fr/
exercice-meditation-cartes/

Méditer avec les cartes, se concentrer et se connecter avec elles ouvre les portes de l'inconscient. Découvrez comment communiquer à travers les sensations, les émotions et les images pour faciliter votre apprentissage

Article « Le journal de bord »

https://www.esteban-frederic.fr/journal-de-bord/

Tenir un journal de bord peut réellement vous aider à vous connecter à l'oracle de manière très personnelle et intuitive. C'est en y mettant toute votre essence, tout votre coeur que vous pourrez créer un pont de communication avec l'oracle. Découvrez comment créer votre journal de bord et le faire vivre !

Article « Bien poser sa question »

https://www.esteban-frederic.fr/
bien-poser-sa-question/

Pour avancer de manière concrète et constructive, il est important de poser des questions qui donnent une ouverture et une impulsion. Je vous apprends comment demander conseil à l'oracle pour résoudre des problèmes, des conflits et des blocages.

LES MÉTHODES DE TIRAGE

Pour faire vos tirages, laissez parler vos émotions. Concentrez-vous sur les images, les formes, les couleurs et surtout : écoutez votre ressenti ! Votre esprit intuitif vous parlera à travers les mots, les symboles et les émotions.

Il existe plusieurs méthodes pour tirer les cartes. Voici quelques suggestions de tirages, vous trouverez celui qui vous convient le mieux, ou vous pouvez inventer les vôtres !

Tirage à 1 carte

Le tirage à une carte est la méthode la plus simple. Pour les débutants, c'est un excellent entraînement pour apprendre à se familiariser avec les cartes.

Méthode 1

Mélangez les cartes et coupez le paquet. Tirez la carte sortie au moment de la coupe.

Méthode 2

Mélanger les cartes et étalez-les devant vous. Tirez une carte.

Peu importe la méthode que vous choisissez, concentrez-vous sur ce que la carte tirée fait surgir en vous. Observez-la bien, étudiez la manière dont elle vous parle, dont elle résonne en vous. Portez attention aux couleurs, aux détails, à son numéro... Que ressentez-vous ? Quelles images vous viennent en tête ?

Interprétez la carte sur le plan qui vous convient (sentimental, professionnel, spirituel, matériel…) et qui fait écho en vous sur le moment. Cette carte vous indique la tendance de la journée, la solution à votre problème ou les éléments sur lesquels méditer.

Différentes interprétations sont possibles en fonction de votre état d'esprit du moment et de votre intuition. Écoutez votre voix intérieure !

Vidéo « Exercice de la carte du jour »

https://www.esteban-frederic.fr/
exercice-carte-du-jour/

L'exercice de la carte du jour est très utile pour commencer à développer votre intuition. Dans cette vidéo, je vous explique comment libérer votre sens intuitif pour ressentir l'énergie des cartes de l'oracle.

Tirage à 3 cartes

Le tirage à 3 cartes est très utile pour obtenir une solution rapide à un problème ou à une situation. Il existe différentes dispositions, mais n'hésitez pas à créer les vôtres !

Comprendre une situation

- Carte 1: passé
- Carte 2 : présent
- Carte 3 : futur

Faire un choix

- Carte 1: opportunités
- Carte 2 : défis
- Carte 3 : résultats

Dynamique d'une relation

- Carte 1: ce que vous attendez de la relation
- Carte 2 : ce que le partenaire attend de la relation
- Carte 3 : potentiel de la relation

Résoudre un problème

- Carte 1: la nature du problème
- Carte 2 : la cause du problème
- Carte 3 : la solution

Aspiration

- Carte 1: où vous en êtes maintenant
- Carte 2 : ce à quoi vous aspirez
- Carte 3 : comment y arriver

Vidéo « Tirage à 3 cartes »

https://www.esteban-frederic.fr/tirage-a-3-cartes/

Qu'il s'agisse de l'avenir sentimental, financier ou professionnel, interroger les cartes de l'oracle vous donnera accès à bien des secrets. Dans cette vidéo, je vous explique comment faire un tirage à trois cartes, pour avoir une vision générale de la situation et des réponses précises.

Tirage à 5 cartes

Ce tirage s'effectue avec 5 cartes disposées en croix. Il permet d'obtenir une réponse à une question précise. Pensez à bien formuler votre question et tournez-la de façon positive.

Mélangez les cartes et coupez le paquet. Choisissez 4 cartes que vous disposerez comme sur l'image. Au centre de ces 4 cartes, il reste une place pour une 5e carte. Vous pouvez choisir de tirer cette dernière carte à la main. Ou vous pouvez la calculer. Dans ce cas, elle correspondra à la somme des nombres des 4 autres cartes. Si le nombre est supérieur à 22, faites la somme des chiffres composant ce nombre.

- Carte 1 : le contexte favorable
- Carte 2 : les oppositions
- Carte 3 : l'évolution à court terme
- Carte 4 : l'évolution à long terme
- Carte 5 : la solution, le conseil

Vidéo « Tirage à 5 cartes »

https://www.esteban-frederic.fr/tirage-en-croix/

Le tirage à 5 cartes permet d'obtenir une réponse détaillée sur certains points de la question posée. Découvrez comment dans cette vidéo explicative du tirage en croix.

Exemples de tirage

Exemple de tirage sentimental

Question : Comment va évoluer ma relation amoureuse ?

Tirage :

Position 1 : le choix (29)
Position 2 : l'instabilité (9)
Position 3 : les vacances (16)
Position 4 : le bonheur (31)
Position 5 : le retour (29 + 9 + 16 + 31 = 85. 8+5 = 13)

Tirage sentimental

https://www.esteban-frederic.fr/exemple-tirage-sentimental/

Exemple de tirage professionnel

Question : Comment va évoluer ma carrière ?

Tirage :
Position 1 : la nouvelle (17)
Position 2 : l'union (18)
Position 3 : les discussions (24)
Position 4 : la réussite (3)
Position 5 : la force (17 + 18 + 24 + 3 = 62
6+2 = 8)

Tirage professionnel

https://www.esteban-frederic.fr/exemple-tirage-professionnel/

Exemple de tirage guidance

Question : Quel est le message de mes guides ?

Tirage :
Position 1 : la maison (7)
Position 2 : la trahison (10)
Position 3 : l'amitié (6)
Position 4 : l'élévation (4)
Position 5 : l'instabilité (7 + 10 + 6 + 4 = 27
2+7 = 9)

Tirage guidance

https://www.esteban-frederic.fr/
exemple-tirage-guidance/

LA SIGNIFICATION DES CARTES

1

L'HOMME

La puissance, l'autorité,
le courage, le plan matériel.

«C'est à la fin de ma vie que je pourrai dire si j'ai réussi à être un homme.»

Le principe masculin évoque l'énergie, l'autorité, la puissance créative, mais aussi la stabilité matérielle.

Cette carte indique que vous êtes armé de force, de courage et de détermination pour affronter les difficultés à venir. C'est une carte positive qui révèle votre emprise sur votre environnement, ce qui vous positionne comme «dominant» dans votre vie sociale.

Attention cependant, vous devez prendre garde à ne pas vous couper du plan spirituel, en vous laissant bercer par les illusions du monde matériel.

Placée dans l'entourage du consultant lors d'un tirage, cette carte désigne un homme qui influe positivement ou négativement dans votre vie (en fonction des cartes qui l'entourent). Il peut être un membre de la famille, un amoureux, une relation amicale, ou une personne qui a autorité sur vous.

https://www.esteban-frederic.fr/carte-homme/

2

LA FEMME

L'harmonie, l'intuition,
l'intelligence, la diplomatie.

«La femme est le trésor du monde.»

Le principe féminin évoque l'harmonie, l'intelligence, l'intuition, les arts, mais aussi les choses cachées, et le renoncement à toute forme d'autorité brutale.

Cette carte indique que vous êtes puissamment diplomate, car vous percevez les intentions des personnes qui vous entourent, et savez subtilement utiliser (à votre profit) leurs forces, comme leurs faiblesses.

Par l'enfantement, la femme crée la vie, et régénère le monde. Connectée au plan supérieur par son intuition, la femme préférera souvent influencer son entourage, plutôt que de le diriger. Le principe féminin est une force d'entraînement, un principe moteur, une puissance qui protège. Elle est le bouclier, quand l'homme symbolise l'épée tranchante du combattant.

Symbolisé par la carte de la Femme, vous pouvez parfois paraître en retrait, car vous ne recherchez pas forcément à prendre le commandement du groupe (familial, amical, professionnel...). Mais une personne avertie constatera que vous le dirigez par votre pouvoir d'influence.

Placée dans l'entourage du consultant lors d'un tirage, cette carte désigne une femme qui influe positivement ou négativement dans votre vie (en fonction des cartes qui l'entourent). Elle peut être un membre de la famille, une amoureuse, une relation amicale, ou une personne qui vous influence.

https://www.esteban-frederic.fr/carte-femme/

3

LA RÉUSSITE

Le succès, l'épanouissement,
la fin du chemin.

«La persévérance est le chemin de la réussite.»

Le succès est au bout du chemin. Et quelles que soient les difficultés que vous devrez encore surmonter, aucune ne viendra définitivement entraver votre route.

Donc, ne vous découragez jamais, concentrez-vous sur votre objectif. Il est à portée de main. En effet, vous savez vous donner les moyens de surmonter les obstacles pour atteindre votre but.

Votre intuition guide vos pas, et votre volonté vous donne la force d'avancer. Les lauriers du succès ne tarderont pas à orner votre front.

Restez modeste face à la réussite. Car pour relativiser ses échecs, il faut apprendre à relativiser ses succès. Les uns comme les autres nous construisent, et forgent notre détermination.

https://www.esteban-frederic.fr/
carte-reussite/

4

L'ÉLÉVATION

L'éveil, la compréhension,
la fin des doutes.

«S'élever, c'est renaître.»

Au cours d'une existence, tout être connaît de nombreuses circonstances au cours desquelles il est amené à s'élever. Car l'élévation n'est pas que spirituelle, elle peut aussi concerner l'univers physique. Un mariage, une naissance, l'obtention d'un diplôme, ou une promotion professionnelle peuvent être l'occasion de se dépasser, et de révéler un nouvel aspect de notre personnalité.

Cette carte est donc une promesse d'évolution positive de la personnalité, le consultant progresse dans la compréhension de lui-même, comme de l'univers matériel qui l'entoure. Il gagne en maturité, comme en force intérieure.

Cette carte peut aussi être associée à une épreuve, car chacune d'entre elles nous permet de progresser, en renforçant notre détermination à atteindre des objectifs ambitieux.

La carte de l'Élévation est toujours positive, elle est la lumière qui vient éclairer notre conscience, quelles que soient les circonstances de la vie.

https://www.esteban-frederic.fr/carte-elevation/

5

LE RETARD

L’ajournement des projets,
la remise en question,
l’épreuve provisoire.

«Le retard n'est qu'un caillou du chemin. Il entrave ma marche, mais ne l'arrête pas.»

Cette carte entrave les projets, sans pour autant les remettre en question. Mais elle vous amène à vous interroger. Êtes-vous la victime passive d'un retard, ou en êtes-vous la cause directe? Car un manque d'initiatives peut parfois générer des délais plus longs qu'escomptés. Il ne sert à rien, alors, de maudire le destin. Vous devez reprendre en main le cours des choses pour que l'aiguille de la pendule accélère son cours...

La carte du Retard vous incite à la patience et à la tempérance. Tout arrive à point nommé. Le retard n'altère en rien les résultats de vos actions, il ne fait que les différer dans le temps. Rappelez-vous que la nature qui vous entoure est une école de vie. Elle vous apprend que le temps mûrit toute choses. Une graine demande du temps pour germer.

Parfois, le destin éprouve votre volonté. Il teste votre détermination à atteindre vos objectifs. Mais, si vous désirez ardemment influer sur le cours de votre futur, vous surmonterez alors l'épreuve du retard.

Car, n'en doutez pas, votre détermination peut venir à bout de tous les retards.

https://www.esteban-frederic.fr/la-carte-du-retard/

6

L'AMITIÉ

La confiance, le bien-être,
la fiabilité.

«Un ami est celui qui aide, quand les autres jugent.»

Bien évidemment, cette carte désigne, en premier lieu, une personne qui nourrit pour vous des liens d'amitié. Elle est donc, a priori, sincère et fidèle, et vous pouvez vous appuyer sur elle en cas de difficulté dans votre vie.

Mais la carte peut aussi indiquer une ambiance «amicale» au sein de votre lieu d'étude ou de travail, par exemple. Cela ne signifie pas que chaque personne qui vous entoure au quotidien est fiable, mais que vous travaillez dans un environnement relativement harmonieux.

Il serait plus problématique que la personne avec qui vous êtes en couple soit désignée par cette unique carte. Car, cela démontrerait que vos sentiments sont beaucoup plus forts que ceux de votre compagne ou compagnon. Mais une amitié peut évoluer en amour véritable. Rien n'est donc perdu...

Enfin, si cette carte est accompagnée par celle de l'Amour, cela signifie simplement que la personne amoureuse de vous est aussi votre meilleure amie ! Vous pouvez vous confier à elle, sans réserve. Que demander de plus ? L'osmose est parfaite.

https://www.esteban-frederic.fr/carte-amitie/

7

LA MAISON

La sécurité, les racines,
le confort.

«Mon âme est ma maison.»

Sur le plan symbolique, la maison représente le refuge, la sécurité, le confort... Mais attention, elle peut aussi signifier un enfermement exagéré sur soi-même et un manque d'ouverture sur les autres. Les cartes qui entourent la carte de la Maison préciseront sa signification.

Mais cette carte ne peut être réellement négative. Car un repli sur soi peut être salutaire en cas de difficulté. Cette attitude permet de méditer sur le sens d'une épreuve, afin d'en nourrir son expérience de la vie. Car, dans notre existence, toute épreuve a un sens. Et seule la réflexion nous permet de comprendre la signification des obstacles du chemin.

La Maison nous renvoie à nos racines. Et, en cas de choix de vie (la possibilité d'un divorce, d'une démission...), cette carte nous appelle à trancher selon nos valeurs intrinsèques, celles qui nous ont construits.

https://www.esteban-frederic.fr/carte-maison/

8

LA FORCE

La volonté, le succès,
la fin des obstacles.

«Il n'y a pas de force sans volonté.»

Cette carte est une promesse de réussite. Car elle vous indique que vous avez en vous les ressources nécessaires pour surmonter les obstacles qui se dressent sur votre chemin. Votre marche en avant peut être ralentie, mais certainement pas stoppée.

La Force est une carte subtile, elle n'indique pas que vous ferez acte d'autorité sur votre entourage, mais que vous saurez emporter l'adhésion des personnes concernées par vos projets. Les mots ont un pouvoir, et vous saurez en user.

N'oubliez jamais que la véritable force commence par la sagesse. Prenez le temps d'analyser toute situation avant d'agir. Les résultats de vos actions n'en seront que plus remarquables.

Ne vous épuisez pas en tentant d'obtenir tout, tout de suite. N'oubliez jamais que la patience est la meilleure alliée de la force.

https://www.esteban-frederic.fr/carte-force/

9

L'INSTABILITÉ

L'inconfort, les choix, la mutation.

«Chacun d'entre nous tente de se bâtir une vie stable dans un monde instable.»

L'instabilité est un état souvent provisoire. Elle indique un processus de changement en cours, ou à venir. Les périodes d'instabilité sont donc nécessaires à notre progression.

La carte de l'Instabilité vous invite à une réflexion sur vous-même, ou sur la personne qui est désignée par cette carte. Car la situation actuelle ne peut durer sans préjudices sur votre vie. L'heure des choix a sonné. Vous devez impérativement rééquilibrer une situation devenue trop fragile et trop incertaine. Un changement s'impose.

À l'instar de nous tous, l'instabilité marque votre vie à différentes étapes.

Tel le funambule sur un fil, vous devez en permanence vous efforcer de retrouver l'équilibre pour ne pas chuter.

https://www.esteban-frederic.fr/carte-instabilite/

10

LA TRAHISON

Le mensonge, l'illusion,
la prise de distance.

*« Trahir un autre,
c'est se renier soi-même. »*

Cette carte vous alerte sur les « faux amis », ceux qui, sans vergogne, sont capables de trahir la confiance que vous avez placée en eux.

Le mensonge rôde autour de vous, et vous devez abandonner les illusions que vous aviez sur une ou plusieurs personnes de votre entourage. Prenez du recul, bâtissez une stratégie d'action, il vous appartient de faire tomber les masques.

Mais cette mise en garde peut aussi s'appliquer à vous-même. Car chacun d'entre nous s'est déjà menti à lui-même, au moins une fois dans sa vie. Dans ce cas, faites appel à votre intuition, elle sera votre meilleur guide. Elle saura détecter vos petites ou grandes trahisons par rapport à votre système de valeurs.

https://www.esteban-frederic.fr/carte-trahison/

11

LE DANGER

Le risque, la crise,
la nécessité d'agir.

«Avoir peur du danger, c'est déjà abdiquer devant l'épreuve.»

Une situation très incertaine, voire dangereuse, est annoncée. Chassez toute forme de peur, vous devez garder les idées claires pour gérer au mieux cet épisode de votre vie. Ne cédez pas à la précipitation, en période de trouble, toute action doit être sagement réfléchie pour être efficace.

La carte du Danger appelle à l'action. Pour l'affronter, ou le contourner. Peu importe le chemin que l'on choisit, il n'y a de lâcheté que dans l'inaction.

Ce danger peut vous amener à vous interroger sur votre vie. Vous êtes-vous mis en danger vous-même, ou l'obstacle qui se dresse devant vous était-il inévitable? Vous devez revisiter votre vie, pour être certain de ne pas vous créer du tort par des actions irréfléchies. Un simple changement de comportement peut parfois faire disparaître un danger annoncé.

https://www.esteban-frederic.fr/carte-danger/

12

L'ARGENT

Les flux financiers,
la vie matérielle, l'équilibre.

«L'homme riche achète un livre, l'homme sage est le livre.»

Dans un tirage neutre ou positif, cette carte annonce une rentrée d'argent substantielle. Cela ne signifie peut-être pas la fin de tous vos soucis matériels, mais votre stabilité sera renforcée, et de nouveaux horizons s'ouvriront à vous... Car, si l'argent ne fait pas le bonheur, il est très certainement un gage de liberté renouvelée.

Dans le cas où l'environnement de la carte de l'Argent serait négatif, il convient de vous méfier. Des déconvenues matérielles sont à craindre. Gardez l'œil sur vos dépenses, et si possible, mettez un peu d'argent de côté, en prévision d'un éventuel « coup dur ».

Mais vous découvrirez avec le temps que l'argent, qui nous semble si indispensable, n'est en rien le but d'une vie. Il en est une composante indispensable, l'objectif d'une existence est ailleurs…

https://www.esteban-frederic.fr/carte-argent/

13

LE RETOUR

Le passé, la renaissance,
la conséquence.

«Seul le temps révèle la justesse de nos choix passés.»

Nos vies ne sont pas toujours linéaires. Des allers-retours rythment parfois nos existences. Et tel le «fils prodigue», plus d'un d'entre nous a déjà remis ses pas dans ceux de son passé. Car nous ressentons parfois le besoin de retrouver des êtres chers, ou de retourner en un lieu qui nous a marqués.

Mais cette carte peut indiquer aussi que notre passé nous rattrape, sans que nous l'ayons forcément souhaité. On assiste alors au retour d'un ami ou d'un amour, perdu de vue depuis longtemps.

Ou parfois survient un événement qui est la conséquence d'un choix passé.

Notre passé reste profondément lié à notre présent. C'est ce que nous vérifions tout au long de notre existence. Et la carte du Retour en témoigne dans un tirage.

https://www.esteban-frederic.fr/la-carte-du-retour/

14

LA DIFFICULTÉ

L'obstacle, la réflexion,
le changement de cap.

« Une difficulté n'est pas un obstacle, c'est un défi. »

Lorsque la difficulté s'invite dans notre vie, seuls deux choix s'imposent à nous : renoncer ou persévérer. Ainsi, la carte de la Difficulté n'indique pas qu'un projet est voué à l'échec, mais que vous devrez faire preuve d'obstination et de détermination pour parvenir à vos fins.

Mais gardez confiance, nous vérifions tous, à l'échelle d'une vie, que bien peu de difficultés se révèlent véritablement insurmontables…

La difficulté demande de prendre du recul, et de réfléchir de manière posée. C'est ainsi que nous apprenons à penser de façon créative. Et à imaginer les voies du succès.

La difficulté n'est pas la fin de l'aventure. Elle est une partie intégrante de l'aventure.

https://www.esteban-frederic.fr/carte-difficulte/

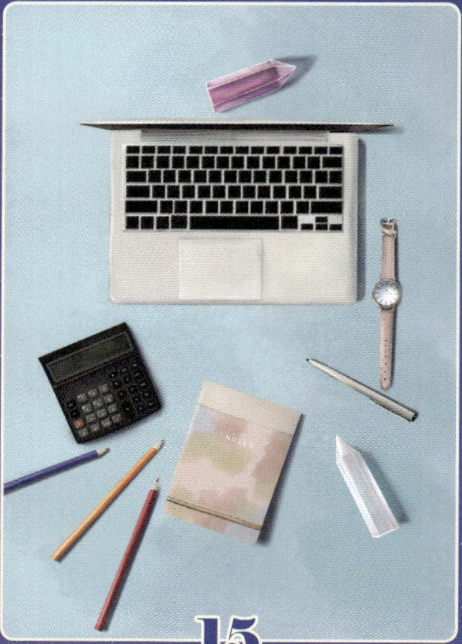

15

LE TRAVAIL

Les études, la vie professionnelle, l'introspection.

«Un travail sans passion est un chemin jonché d'épines.»

Que ce soit par les études, ou par un poste rémunéré, le travail est souvent un excellent moyen de se révéler à soi-même. Il est un révélateur de notre personnalité. En fonction de celles qui l'entourent, la carte du Travail peut donc indiquer notre niveau d'épanouissement dans une activité, mais aussi les changements à venir...

Selon la nature de la question, cette carte peut aussi faire référence à un travail que nous devons effectuer sur nous-mêmes, sur le plan spirituel par exemple. La carte du travail prend alors une valeur plus symbolique.

Enfin, le travail peut indiquer plus simplement le lieu de votre activité et situer, dans ce cas-là, l'endroit où se produira une rencontre.

https://www.esteban-frederic.fr/carte-travail/

16

LES VACANCES

La pause, les loisirs,
le ressourcement.

«Le repos d'aujourd'hui est l'énergie de demain.»

Cette carte vous indique qu'il est temps de faire une pause. Ce « break » peut concerner votre travail, comme tout autre secteur de votre vie. Car, même sur le plan sentimental, nous ressentons parfois le besoin d'une pause...

La carte des Vacances est une invitation à vous ressourcer, à faire le plein d'énergie positive, avant de poursuivre votre chemin. Il n'y a rien de négatif en cela. La carte vous indique qu'il est temps de « lâcher prise », et de souffler un peu. Sinon, gare à l'épuisement !

Enfin, cette carte peut faire référence plus simplement au lieu de votre séjour et situer, dans ce cas-là, l'endroit où se produira une rencontre.

https://www.esteban-frederic.fr/carte-vacances/

17

LA NOUVELLE

Le dialogue, l'écoute, le partage.

«Les mots sont les messagers de notre âme.»

Vous allez recevoir une nouvelle sous peu. Et cette dernière ne vous laissera pas indifférent. Rassurez-vous, attendue ou pas, cette communication ne peut être réellement négative. Elle aura au moins l'avantage de débloquer une situation, restée trop longtemps figée.

Préparez-vous, votre vie va être impactée par ce message. Et les cartes qui entourent celle de la Nouvelle peuvent vous éclairer sur les développements à venir. Un conseil, n'ignorez pas ce message, car ses effets se révèleront positifs pour vous, à moyen ou long terme.

La carte de la Nouvelle est la promesse d'un dialogue. Échangez, communiquez, et vous aurez l'assurance de connaître des évolutions positives dans votre existence.

https://www.esteban-frederic.fr/
la-carte-de-la-nouvelle/

18

L'UNION

La complémentarité, l'osmose, l'amour.

«S’unir à l’autre, c’est aspirer à quelque chose de plus grand que soi-même.»

La carte de l’Union révèle une complémentarité véritable entre deux êtres. L’amour, la compréhension et le soutien sont assurés.

Chassez vos peurs. Ne doutez pas de la sincérité de cette relation (en cours, ou à venir). Poursuivez votre chemin, il vous conduit à l’épanouissement.

Sur le plan symbolique, cette carte peut aussi évoquer une association très profitable. Il est certain, dans ce cas-là, qu’il y aura une réelle communion d’esprit et une entente parfaite sur tous les projets.

D’une manière générale, cette carte symbolise l’engagement aux côtés d’une personne.

C'est une carte maîtresse dans un tirage, car elle indique la voie du succès.

https://www.esteban-frederic.fr/carte-union/

19

LA FAMILLE

La complémentarité, l'osmose, l'amour.

« Tout navire a besoin d'un port d'attache. »

La carte de la Famille évoque le groupe familial dans son ensemble, mais aussi le passé, les aïeux disparus... Car chacun d'entre nous reçoit en héritage une part de la « culture familiale ». Nos valeurs se forgent au contact de nos parents. Parfois à l'identique, parfois à l'opposé, par volonté de rupture.

Mais cette carte peut aussi désigner le groupe que vous avez constitué autour de vous, et qui vous tient lieu actuellement de famille. Car, ainsi que le dit le dicton, « on ne choisit pas sa famille, mais on choisit ses amis ».

Cette carte ne peut donc être négative, elle désigne votre refuge, vos repères, ce qui vous a construit, et vous construit encore... Votre famille, au sens symbolique ou réel.

https://www.esteban-frederic.fr/
la-carte-de-la-famille/

20

L'AMOUR

La rencontre, la relation,
l'épanouissement.

«Une vie sans amour est une vie sans partage.»

Cette carte annonce l'arrivée d'un astre lumineux dans votre ciel affectif.

La nuit de la solitude prend fin. Vous ne marcherez plus seul sur le chemin de votre vie. Une âme sœur sera à vos côtés.

Ne craignez pas cette relation, ne la fuyez pas. Car elle sera sincère. L'amour fait partie de votre destinée. Il vous reviendra de construire cette histoire sentimentale au jour le jour. Car si l'amour est le ciment d'un couple, les égards que chacun a pour l'autre sont le gage d'une relation durable.

Vous êtes à l'aube d'un nouveau jour. Laissez-vous baigner par la lumière de l'amour en toute confiance. Cupidon, messager des cœurs, veille sur vous.

https://www.esteban-frederic.fr/la-carte-de-lamour/

21

LE CONFLIT

L'opposition, l'affrontement, la mise au point.

«Le conflit est hélas un mal nécessaire. Vouloir, en permanence l'éviter, c'est se condamner à l'immobilisme.»

Toute crise peut être salutaire. En effet, il n'est pas toujours bon de taire des rancœurs qui viennent «empoisonner» le rapport à l'autre. Une mise au point peut permettre de faire évoluer une relation. Le conflit n'est donc pas à craindre. Il peut débloquer une situation inconfortable qui n'a que trop duré.

Qu'il soit grand ou petit, préparez-vous à ce conflit, afin de le gérer au mieux. Car toute situation conflictuelle doit être de courte durée, pour ne pas se révéler bloquante sur votre chemin de vie.

Éviter le conflit est cependant possible. La diplomatie est une autre voie pour parvenir à se faire respecter par autrui.

Affronter, ou séduire ? Le choix est entre vos mains.

https://www.esteban-frederic.fr/carte-conflit/

22

LA SÉPARATION

L'évolution, la rupture,
la libération.

«Se séparer, c'est se donner les moyens d'aimer de nouveau.»

Il faut admettre que chacun d'entre nous change et évolue au cours d'une vie. Par conséquent, ce qui nous a correspondu hier n'est parfois plus en phase avec notre personnalité et nos attentes d'aujourd'hui. Dans ce cas, l'heure de la séparation a sonné.

Bien qu'elle s'avère souvent douloureuse, la séparation est donc un moyen de nous libérer des entraves du passé. Il est temps d'avancer et d'explorer de nouveaux chemins. Comme le dit le sage: «choisir, c'est renoncer», donc, accepter de se séparer de ce qui nous a été cher par le passé.

La vie est changement. Une suite de séparations et de reconstructions. Pour garder le contrôle de sa vie, mieux vaut en être l'acteur que de les subir.

https://www.esteban-frederic.fr/carte-separation/

23

LE CHANGEMENT

Le cycle, l'évolution, la recherche de l'épanouissement.

«Vivre, c'est accepter de renaître plusieurs fois.»

La vie est un cycle qui nous amène à perpétuellement évoluer. Rien n'est jamais acquis, tout change et se transforme. Nos vies, nos amours, notre travail...

Pour progresser, nous devons donc périodiquement nous remettre en question. Le changement ne doit pas être vécu comme une fatalité, mais comme une opportunité d'évolution. Accueillez-la dans votre vie comme telle.

De notre premier à notre dernier jour, tout n'est qu'évolution. Les certitudes d'hier sont balayées par les bourrasques du présent. Nous vivons plusieurs vies en une vie.

Ouvrez-vous au changement. Il vous apporte les voies et les moyens de votre épanouissement actuel. Car muter, changer, c'est progresser.

https://www.esteban-frederic.fr/
la-carte-du-changement/

24

LES DISCUSSIONS

Le dialogue, l'échange,
le partage.

«De la parole naît l'action.»

Cette carte vous engage à ouvrir le dialogue. Car la solution à tout problème naît souvent de l'échange, voire de l'affrontement des idées. Votre force de conviction peut rallier les autres à votre cause.

Mais la discussion peut parfois être menée sur un ton léger. Avec des amis ou en famille. Il s'agit alors de moments privilégiés de partage. Et la discussion devient alors un trait d'union entre eux et vous.

Quoi qu'il en soit une interaction entre vous et votre entourage vous est recommandée. Il est temps de vous manifester et d'échanger avec lui.

N'oubliez jamais que le verbe est créateur. Par lui commence toute chose, ici-bas.

https://www.esteban-frederic.fr/carte-discussions/

25

L'ÉCHEC

Le blocage, la remise en question, l'apprentissage de la vie.

«J'ai plus appris de mes échecs que de mes réussites.»

Celui qui ne se trompe jamais a oublié de vivre. Car se tromper, c'est explorer de nouveaux chemins, c'est faire acte de courage, mais aussi parfois… d'aveuglement. Il n'est pas grave de se tromper, si on comprend les raisons de son échec. Ce dernier devient alors source d'expérience et de progression.

Les échecs émaillent notre chemin comme autant de pierres pointues. Ils peuvent ralentir notre marche, mais aucun ne peut définitivement stopper notre progression. Tout échec peut être surmonté. Même si cela est au prix d'un changement de cap. Car certains chemins ne nous sont pas destinés, il ne sert à rien alors de s'entêter obstinément. L'échec d'un jour nous indique les voies de la réussite de demain.

https://www.esteban-frederic.fr/carte-echec/

26

LA JALOUSIE

Le blocage, la remise en question, l'apprentissage de la vie.

«La jalousie est la négation de l'intelligence.»

La jalousie est un sentiment hautement négatif, qui ne peut engendrer rien de positif.

Lorsque ce sentiment naît en vous, vous devez le combattre comme un ennemi. À l'inverse, lorsqu'une personne se montre jalouse de vous, vous devez tenter de désamorcer cette rivalité potentielle le plus tôt possible. Car la jalousie engendre inexorablement le conflit, voire la trahison. L'exercice est difficile, car la jalousie n'obéit à aucune règle rationnelle. Lui opposer des arguments concrets est donc une entreprise rarement couronnée de succès.

Éloignez-vous des personnes jalouses, ne vous épuisez pas à les combattre. Retenez seulement que la jalousie souligne à quel point vous êtes quelqu'un d'exceptionnel, aux yeux de certains. Finalement, la jalousie est un éloge de vos qualités. C'est ainsi qu'il faut l'envisager si l'on souhaite rester positif !

https://www.esteban-frederic.fr/carte-jalousie/

27

LE MENSONGE

Les duperies, la manipulation,
la vérité masquée.

«La vérité est une source qui abreuve, alors que le mensonge est un désert aride.»

Les motivations d'un mensonge peuvent être multiples. Avant même de juger celle, ou celui, qui ment, vous devez comprendre les raisons de son manque de sincérité.

Aussi, lorsque vous vous apercevez que l'on vous ment, ne cédez pas à la colère. Analysez froidement la situation. On vous a menti parfois pour vous protéger (car certaines vérités blessent), et parfois pour vous nuire. Et ces deux attitudes ne sont en rien comparables. Même si toutes deux sont stériles.

Cette carte dans votre tirage, peut aussi indiquer que vous vous mentez à vous-même. Que vous vous efforcez de ne pas voir certaines vérités dérangeantes. Une attitude d'autoprotection qui, pour finir, vous desservira. Car la vérité est comme le soleil. Elle ne peut indéfiniment restée masquée par les nuages du mensonge...

https://www.esteban-frederic.fr/
la-carte-du-mensonge/

28

LE PASSÉ

Les racines, les valeurs,
le parcours.

*«Le passé ne meurt jamais.
Il continue à vivre en nous.»*

Cette carte, dans votre tirage, indique que le passé exerce une forte influence sur votre vie présente.

Le passé est parfois un poids, presque un «boulet», et parfois une source de richesse infinie. Dans les deux cas, il est source d'expérience. Vous ne devez donc jamais chercher à occulter votre passé. Il est un autre vous-même, qui vous parle de vos erreurs et de vos réussites. Le passé (celle ou celui que vous étiez) est votre meilleur conseiller dans votre vie présente.

La carte du Passé peut aussi faire référence à vos racines. Votre pays, votre région, vos ancêtres... autant d'éléments qui ont forgé la personne que vous êtes aujourd'hui. La carte évoque alors cette culture personnelle qui vous sert de repère aujourd'hui. Les cartes environnantes vous indiqueront si une remise en cause est nécessaire, ou si, à l'inverse, vous devez vous référer à ce socle de valeurs et de croyances pour progresser.

https://www.esteban-frederic.fr/carte-passe/

29

LE CHOIX

Le carrefour, la maîtrise,
la décision.

«Au moment de choisir, notre meilleure guide est l'intuition.»

Chacun de nos choix a des conséquences car ils déterminent notre vie. Les études, le choix du partenaire, la carrière... autant de choix qui ont forgé la personne que nous sommes, aujourd'hui.

La vie est une succession de choix, et cette carte dans votre tirage indique que vous devez, de nouveau, choisir un chemin. Car la vie est en perpétuel mouvement. Et, pour rester maître de votre destin, vous devez périodiquement faire des choix. Hésiter ou renoncer est se mettre en position de passivité, au risque de subir le choix que d'autres feront à votre place. En effet, soyez assuré que si vous ne tranchez pas, quelqu'un d'autre le fera, sans tenir compte de votre point de vue.

Cette carte vous invite donc à la réflexion, car l'heure du choix ne saurait tarder. Et vous devez en être l'acteur.

https://www.esteban-frederic.fr/carte-choix/

30

L'ÉLOIGNEMENT

Le départ, la distance, l'absence.

«La distance n'est qu'un leurre. Je n'ai jamais été aussi proche de toi, depuis que nous sommes loin, l'un de l'autre.»

S'éloigner ne signifie pas forcément renoncer à quelqu'un, ou à quelque chose, qui vous est cher. L'éloignement peut être une simple pause, un temps de méditation et de réflexion.

L'éloignement est donc parfois nécessaire, il nous accorde une bouffée d'oxygène lorsque le ciel de notre vie est devenu trop lourd. Ou lorsque nos aspirations nous appellent ailleurs. L'éloignement, dans ce cas-là, risque donc d'être de longue durée. Mais cela n'est pas forcément dramatique. Car, devenu adulte, un enfant s'éloigne définitivement de ses parents. Pour autant, il ne rompt pas avec eux.

À l'inverse, un conjoint qui s'éloigne durablement est souvent un être qui se choisit un nouveau destin amoureux.

L'éloignement est un fait. Il ne présage en rien de la décision finale d'un proche. Votre pouvoir d'influence reste donc entier.

https://www.esteban-frederic.fr/carte-eloignement/

31

LE BONHEUR

La réussite, l'épanouissement,
la stabilité.

«La clef du bonheur? Croire en ses rêves!»

Le bonheur absolu est un Graal que recherche chaque individu, sans jamais l'atteindre. Seul celui qui a compris cela saura pleinement se satisfaire de son bonheur. Et le savourer en toute quiétude, loin de tous rêves chimériques.

Le bonheur est si impalpable et si subtil que chacun en donnera sa propre définition. Quelle que soit la vôtre, cette carte dans votre tirage indique que vos aspirations seront comblées. Votre bonheur est annoncé. Il est déjà à portée de main.

La carte du Bonheur tempère toute carte négative de votre tirage, qui ne peut évoquer que des difficultés. Car vous pouvez entretenir cette certitude : la réussite et le bonheur sont au bout du chemin.

https://www.esteban-frederic.fr/carte-bonheur/

32

LA JEUNESSE

Le début, l'immaturité, l'énergie.

«Savoir rester jeune, c'est déjà approcher de l'immortalité.»

Cette carte peut, bien évidemment, désigner une personne de votre entourage, ou vous-même.

Elle peut faire référence à l'âge. Ou, plus subtilement, au niveau de maturité. Car nous avons tous, parfois, des comportements qui peuvent sembler peu sages et peu réfléchis.

Cependant, la carte de la Jeunesse révèle des atouts qui sont la force, l'énergie, et sans doute une vraie foi en la vie. Elle ne peut être une carte véritablement négative. Mais elle peut inciter à la tempérance, à la sagesse, et à la retenue.

La jeunesse est un état transitoire. Une promesse de maturité à venir. Mais il existe des personnes jeunes, et pourtant déjà avisées. Gardez-vous de tout jugement devant cette carte. Le tirage vous indiquera si la carte de la Jeunesse a un impact positif ou négatif dans votre vie.

Sur le plan symbolique, cette carte peut indiquer le début d'une histoire...

https://www.esteban-frederic.fr/carte-jeunesse/

33

LA VIEILLESSE

Le renoncement, la fin d'un cycle, la maturité.

*«Devenir vieux,
quelle importance?
Tant que mon âme est jeune.»*

Cette carte peut, bien évidemment, désigner une personne de votre entourage, ou vous-même.

Elle peut faire référence à l'âge. Ou, plus subtilement, à un certain pessimisme face à la vie. Un individu qui est en perte de foi, qui ne croit plus en son destin. Qui a renoncé à tout, y compris à ses rêves.

Mais à l'inverse, la carte de la Vieillesse peut aussi indiquer une forme de sagesse et de stabilité. La carte désignera donc une personne de bons conseils, vers qui vous pouvez vous tourner en cas de difficultés.

Le tirage vous indiquera si cette personne a un impact positif ou négatif dans votre vie.

Sur le plan symbolique, la Vieillesse peut indiquer la fin d'une histoire, la nécessité de se créer un nouvel avenir.

https://www.esteban-frederic.fr/carte-vieillesse/

À PROPOS DE L'AUTEUR

Reconnu comme étant l'un des dix meilleurs voyants de France en 2015, Esteban Frederic est l'une des étoiles montantes des arts divinatoires. Voyant, médium et cartomancien, il a participé à de nombreuses émissions de télévision et de radio au cours de ces dernières années. Créateur de *L'Oracle du sixième sens*, du site esteban-frederic.fr, et aujourd'hui d'un oracle divinatoire interactif, il se plaît à explorer tous les champs du possible pour créer une voyance de qualité en phase avec son temps. Ainsi qu'il le souligne lui-même : « La modernité n'est jamais qu'un passé réinventé. »

Pour retrouver Esteban Frederic

Sites internet

www.esteban-frederic.fr
www.boutique-esteban-frederic.com
www.voyance-avenir.fr

https://www.facebook.com/estebanfredericvoyance

édition pré-presse
livres numériques

44400 Rezé

13

LE RETOUR

32

LA JEUNESSE

8

LA FORCE

3

LA RÉUSSITE

12

L'ARGENT

33

LA VIEILLESSE

6

L'AMITIÉ

23

LE CHANGEMENT

30

L'ÉLOIGNEMENT

19

LA FAMILLE

10

LA TRAHISON

15

LE TRAVAIL

7

LA MAISON

9

L'INSTABILITÉ

14

LA DIFFICULTÉ

5

LE RETARD

31

LE BONHEUR

26
LA JALOUSIE

21

LE CONFLIT

4

L'ÉLÉVATION

2

LA FEMME

27

LE MENSONGE

28

LE PASSÉ

22

LA SÉPARATION

1

L'HOMME

29

LE CHOIX

11

LE DANGER

17

LA NOUVELLE